EL JUICIO DE LAS BRUJAS DE SALEM

El diablo coloniza América

Por Jonathan Duhoux
En colaboración con Guillaume Hairy
Traducido por Elena Muñoz Galvez

Historia en50MINUTOS.es

LAS BRUJAS DE SALEM

- **¿Cuándo?** En 1692.
- **¿Dónde?** En Salem, Massachusetts (Nueva Inglaterra).
- **¿Contexto?** La historia colonial estadounidense.
- **¿Principales protagonistas?** Los habitantes de Salem Village y sus alrededores.
- **¿Repercusiones?**
  - La condena a muerte de 19 personas, la muerte de otras 8 y el encarcelamiento de más de 150 sospechosos.
  - El declive de la influencia de los puritanos en el ámbito político.
  - La prohibición de presentar acusaciones por brujería en Nueva Inglaterra.

En el siglo XVII, Massachusetts es una colonia próspera y un refugio para los puritanos que huyen de las persecuciones de las que son objeto en Inglaterra. Los colonos ingleses fundan florecientes ciudades como Salem, no lejos de Boston. Sin embargo, son hostigados sin cesar por los franceses y los indios, y estos conflictos constantes hacen brotar un clima de ansiedad. Tanto es así que, en enero de 1692, unas simples crisis de histeria provocan en la población de Salem Village una psicosis sin precedentes. Varias niñas presentan unos extraños síntomas: la hija y la sobrina del reverendo Parris parecen estar poseídas por demonios. Al ser interrogadas, las niñas revelan el nombre de varias brujas. Una de ellas, la criada de las dos niñas, pronto confiesa a los magistrados y admite haber hecho un pacto con el diablo, quien le obliga desde entonces a atormentar a sus jóvenes amas. Afirma, además, que existen muchas otras brujas. Los habitantes están atemorizados y piensan que Satán busca destruir la nueva tierra de los puritanos. Los magistrados se muestran implacables ante la brujería y encarcelan a más de 150 acusados, de los que 19 serán ahorcados.

Aunque se trata de un hecho limitado, este asunto pronto queda registrado en el imaginario colectivo y, aún hoy, tres siglos después, sigue marcando las mentes de la gente.

CONTEXTO

LAS BRUJAS, AYUDANTES DE SATÁN

Desde siempre, las brujas han ocupado un importante lugar en el imaginario colectivo. Pese a ser a menudo descritas como inofensivas, con capacidades curativas, e incluso como marginales, han sido perseguidas desde la noche de los tiempos. En el Antiguo Testamento, las prácticas de brujería se consideran como abominaciones, y aquellos que las practiquen «será(n) condenado(s) a muerte [...]» (Levítico 20: 27), pero la figura de Satán está poco presente. El Nuevo Testamento mantiene el mismo código de conducta y también condena la práctica de la magia.

La imagen del diablo como antítesis de Dios y príncipe de las tinieblas se debe a los cristianos. El Maligno perturba a los débiles, corrompe su alma y encarna una amenaza material contra el ámbito espiritual. Cuando la fe del cristiano se debilita, Satán puede, con su malicia, alejarle del camino recto para conducirle al infierno. No obstante, en los primeros siglos de la Edad Media, la Iglesia se atiene a las consideraciones teóricas y rechaza los testimonios de brujería como peroratas de ancianas.

Pero el trágico episodio de la peste negra (1346-1352) que diezma Europa, en el que mueren cerca de 25 millones de personas, socava las certezas y creencias existentes. Pese a que la enfermedad es un fenómeno general, la Inquisición inventa el satanismo como un culto organizado y hostil a Dios. La Iglesia mezcla alegremente nociones de brujería y de herejía, lo que le permite juzgar cualquier incumplimiento de la fe como una perversión del Maligno. Para los inquisidores, la brujería concierne sobre todo a las mujeres: se les considera más débiles y susceptibles a la sugestión y a las pasiones, por lo que son víctimas que entregan su alma al diablo con más facilidad. De forma paralela, los teólogos generan una abundante literatura demonológica; una de las obras más célebres es el *Malleus Maleficarum* («Martillo de las Brujas») publicado en 1487, en la que se detalla toda la información necesaria para detectar y eliminar brujas.

<u>Contra la herejía</u>

La Inquisición es un tribunal eclesiástico encargado de perseguir las herejías contra la fe católica. Se crea en el siglo XII y se institucionaliza por completo con el IV Concilio de Letrán (1215), en el que se detallan los procedimientos a seguir. Las penas van desde unos rezos hasta la condena a muerte, según la gravedad de la falta cometida y las pruebas de culpabilidad. Aunque es cierto que la Inquisición recurre de forma habitual a la tortura, su reputación es exagerada por los opositores a la Iglesia católica romana. Los inquisidores son mucho menos violentos de lo que cuentan las leyendas y mucho más clementes con las brujas que los tribunales civiles de los siglos XVI y XVII.

En el imaginario colectivo, las brujas se reúnen en el bosque para participar en aquelarres. Estos son escenario de grandes orgías y monstruosidades de todo tipo: las brujas utilizarían trozos desgarrados de carne para preparar brebajes maléficos, fornicarían con Satán para engendrar ralea demoníaca y serían capaces de echar maldiciones con una sola mirada. Los demonólogos recomiendan una represión violenta para hacer frente a este enemigo. Miles de mujeres, coaccionadas bajo tortura y para poner fin a su suplicio, terminan por confesar lo que sus torturadores sugieren.

A finales del siglo XVII, disminuyen en Europa los juicios por brujería y las hogueras se apagan por completo a lo largo del siguiente siglo, el de las Luces, bajo el estímulo de la Ilustración. En América, sin embargo, los colonos europeos se enfrentan a un nuevo mundo, misterioso y hostil, que hace resurgir miedos ancestrales.

AMÉRICA, TIERRA DE HEREJÍAS

A finales del siglo XVI, Inglaterra parte a la conquista del mundo y coloniza nuevos territorios. Para ello se apoya en una poderosa flota, la Navy Royal (que en 1660 se convierte en la Royal Navy), que afianza su superioridad durante el siglo XVII.

Durante el reinado de Jacobo I (1566-1625), rey de Inglaterra desde 1603, los británicos inician la conquista de América con el objetivo de estimular su economía mediante el desarrollo demográfico. Así, aumentar la población se convierte en una prioridad y los ingleses fundan trece colonias a lo largo de la costa oriental.

Aunque las cifras de población siguen siendo bastante imprecisas debido a la ausencia de censos, se sabe que, entre las colonias inglesas, Massachusetts vive una expansión demográfica especialmente importante. Mientras que en 1630 está formada por apenas medio millar de colonos, a finales del siglo XVII la población sobrepasa las 50 000 almas. Las ciudades de Boston y Salem, especialmente prósperas, atraen a muchas familias emigrantes.

En Nueva Inglaterra, se pone el acento en la evangelización de los indígenas. Así lo demuestra la carta de derechos de la Compañía de la Bahía de Massachusetts: «El objetivo principal de la implantación [es] ganarse e incitar a los naturales del país al conocimiento y la obediencia del único Dios verdadero y salvador de la humanidad, y de la fe cristiana»[1] (Bernand y Gruzinski 1993, t. 2: 611).

En un primer momento, la mayoría de los amerindios brindan una acogida favorable a los colonos y los puritanos se inician en la cultura de los productos locales; algunos de ellos están tan fascinados por los indígenas que terminan por renunciar a las leyes y renegar de Dios.

Al darse cuenta de ello, los predicadores puritanos radicalizan sus discursos y presentan a los indígenas como pecadores e, incluso, como una raza satánica enviada por el Maligno para impedir la implantación del cristianismo en estas tierras recientemente colonizadas. Como consecuencia, los colonos adaptados a la cultura indígena se escinden y los conflictos entre las dos civilizaciones se multiplican. La mayoría de los amerindios fallecen durante los enfrentamientos o como consecuencia de enfermedades traídas por

---

1. Cita traducida por 50Minutos.es

los colonos, contra las que no son inmunes.

A esto se añade otro enemigo, los franceses, que miran de reojo los territorios de las colonias inglesas. Con frecuencia se alían con las tribus indias y se lo hacen pasar mal a los colonos ingleses.

SALEM, REFUGIO DE LOS PURITANOS

A finales del siglo XVI, los puritanos son perseguidos en Inglaterra. La reina Isabel I (1533-1603) y sus sucesores no aprecian demasiado las reivindicaciones de esta corriente calvinista: sus miembros desean purgar Inglaterra de católicos y ambicionan hacerse con el poder para imponer su visión de la sociedad. Como consecuencia de estas persecuciones, los puritanos se exilian en masa a Massachusetts, una nueva tierra que les permite forjar un mundo de acuerdo a sus ideales.

Tras establecer Plymouth, un pequeño grupo de colonos puritanos funda Salem en 1628, en las fértiles tierras de la bahía de Massachusetts. La carta de la Compañía de la Bahía de Massachusetts, negociada con habilidad con el rey, les permite ser prácticamente independientes de Inglaterra. Los colonos, para obtener el derecho a residir en estas tierras, tienen que firmar un contrato en el que se comprometen a obedecer los preceptos puritanos: creer en el único Dios verdadero, trabajar duro, ser riguroso y disciplinado y defender la libertad. Los puritanos ponen en primer plano la ética del trabajo y el sentido del ahorro, mientras que los signos externos de riqueza son el reflejo del mérito personal y de una aprobación divina.

Aunque es cierto que los puritanos son severos y rigurosos, muchas de las ideas que se tiene sobre ellos están distorsionadas. Pese a predicar la moderación, los puritanos no llevan una vida monacal. No rechazan las prácticas sexuales, sino que las alientan en el marco del matrimonio. Tampoco rechazan el consumo de alcohol, siempre que su consumo sea razonable. Además, los puritanos tampoco visten siempre de negro, pese al estereotipo transmitido por Hollywood. Estos prejuicios están tan arraigados que, hoy en día, el término «puritano» es sinónimo de castidad, austeridad, pudor y privación.

La población, en su mayoría agraria, crece con rapidez gracias a la llegada de nuevos inmigrantes. La ciudad se extiende cada vez y pronto forma varias comunidades: la principal y más próspera es Salem Town; los terrenos más aislados se agrupan en Salem Village, también llamada Salem Farms (hoy en día Danvers). Es en esta última comunidad donde tienen lugar los dramáticos sucesos de 1692.

EL JUICIO DE LAS BRUJAS DE SALEM

LOS MIEDOS INFANTILES, LA MEJOR ARMA DE SATÁN

El Mal se manifiesta por primera vez en Salem Village en el mismo seno de la casa parroquial. El lugar lo ocupan desde 1689 el reverendo Samuel Parris (1653-1720), su familia y sus criados. El reverendo Parris es un hombre bastante amargado que no asume sus varios fracasos: la devastación de su plantación de Barbados (isla del mar Caribe) por un huracán y la quiebra de su sociedad mercantil en Boston. Tras convertirse en ministro del culto con la esperanza de cosechar por fin algo de prestigio, se le asigna Salem Village. Esta difícil comunidad, que desconfía de los extranjeros, vive al ritmo de los conflictos entre dos grandes familias, los Putnam y los Porter. Parris, decepcionado por no conseguir sus aspiraciones, vierte con frecuencia su frustración en los sermones.

Los inviernos son duros en Massachusetts, y el de 1691-1692 no es una excepción. Elizabeth (Betty) Parris, de 9 años e hija del reverendo Parris, y Abigail Williams, de 11 años y sobrina del mismo, pasan sus largos días en compañía de la criada de la familia, Tituba. Esta amerindia que el reverendo Parris se trajo del Caribe da un cierto prestigio a su familia, ya que no es frecuente tener sirvientes en Salem Village. Para divertir a las niñas, Tituba les cuenta historias de su infancia y hace pequeños juegos de magia.

Tituba representada por Alfred Fredericks, dibujante del siglo XIX.

Aunque solo se trata de juegos, las niñas están turbadas debido a que, en sus sermones, el reverendo Parris explica con frecuencia que la magia y la adivinación son artes maléficas practicadas por los partidarios de Satán. Betty y Abigail se debaten entre el placer de lo prohibido y la culpabilidad, y poco a poco caen en la histeria. En el mes de enero de 1692, ambas niñas comienzan a comportarse de manera extraña. Los rumores cuentan que hablan un idioma extraño, que arrastran los pies al andar, que rechazan las oraciones y que son presas de violentas crisis de convulsiones. Los médicos locales no consiguen hacer un diagnóstico ante estos síntomas. Un día, uno de ellos, William Griggs, plantea la posibilidad de que se trate de un maleficio satánico y dice que «la mano del diablo se encuentra sobre ellas»[2] (Crete 1995, 51). Poco a poco, las mismas manos tocan a otras jóvenes de Salem. Ann Putnam Jr. y Elizabeth Hubbard son vecinas de la casa parroquial y amigas de Betty y Abigail y, con seguridad, han asistido a las sesiones de magia organizadas por Tituba.

Aunque el reverendo Parris se niega a creer que las niñas están embrujadas, el rumor de un maleficio se extiende ya por las calles de Salem Village. Se interroga a las jóvenes con insistencia para averiguar qué bruja se encuentra en el origen de su maleficio. Un día, durante una crisis de convulsiones, Betty murmura el nombre de Tituba. Abigail y las otras niñas, probablemente influenciadas por las sugerencias de sus interrogadores, rompen su silencio y señalan con unanimidad a la criada y a otras dos atormentadoras, Sarah Good (1653-1692) y Sarah Osborne (1643-1692). Entonces, varios habitantes de Salem Farms presentan una denuncia por brujería y, el 29 de febrero de 1692, los magistrados emiten órdenes de arresto. Las sospechosas son interrogadas a partir del día siguiente.

Las tres mujeres corresponden a la perfección al perfil de brujas contenido en el imaginario popular. La primera, Tituba, es india, por lo que, de nacimiento, es de naturaleza impía y está destinada a servir al diablo. La segunda, Sarah Good, es una mendiga a la que todo Salem Village desprecia. Es agresiva y sucia, y murmura continuamente palabras

---

incomprensibles; además, ya es sospechosa de haber provocado una epidemia en el seno del rebaño de una granja. En cuanto a la tercera, Sarah Osborne, aunque proviene de un medio respetable, ha ofendido al orden moral puritano con su comportamiento. La vieja dama habría tenido un amante mucho más joven que ella, antes de enviudar y casarse con él. Y, peor aún, apenas frecuenta la iglesia.

Dos magistrados de Salem Town, John Hathorne (1641-1717) y Jonathan Corwin (1640-1718), llevan a cabo los interrogatorios. Ambos son adjuntos en el Tribunal General de Massachusetts y nunca han tratado temas de brujería, bastante raros en Nueva Inglaterra.

La brujería en Nueva Inglaterra

Los juicios de Salem Village no son los primeros hechos relacionados con la brujería que tienen lugar en Nueva Inglaterra. Sin embargo, normalmente las autoridades hacen prueba de una gran moderación en la materia, conscientes de que las difamaciones entre vecinos son corrientes. Entre 1648 y 1692, se contabilizan menos de cien condenados por este motivo, de ellos solo cinco en Massachusetts. En general, las brujas condenadas son ahorcadas, como era la costumbre en Inglaterra.

El 1 de mayo de 1692, la *meeting house*, que es al mismo tiempo iglesia y lugar de reuniones públicas, se encuentra abarrotada. Aunque muchos habitantes son bastante escépticos con estas acusaciones de brujería, los magistrados consiguen sembrar la duda entre los asistentes mediante preguntas insidiosas. Las sospechosas parecen tener problemas para pronunciar la palabra «Dios» y las equivocaciones de dos de ellas son percibidas como embustes. Por otra parte, las niñas poseídas, presentes en la sala de audiencias, gritan que están siendo atormentadas por los espectros de tres mujeres; las jóvenes tienen convulsiones, les rechinan los dientes y se arrastran por el suelo mientras sus músculos se retuercen con dolor.

Pese a todo, la sorpresa es grande cuanto Tituba, en vez de defenderse, confiesa directamente sus crímenes: «El Diablo vino a buscarme y a pedirme que le sirviera»[3] (Crete 1995, 66). Continúa con su testimonio y cuenta que un hombre vestido de negro le ofreció numerosos regalos a cambio de que le sirviera durante seis años. El desconocido abrió entonces un libro en el que Tituba trazó una marca con su sangre. La criada amerindia afirma que en el libro había muchas otras firmas, entre ellas las de Sarah Good y de Sarah Osborne. Las pruebas se consideran lo suficientemente contundentes y los magistrados Hathorne y Corwin envían a las tres mujeres a la prisión de Boston. Se siembra así el germen de la locura en las mentes de los habitantes de Salem. Pronto, algunos afirman que, dado el número de firmas que, según Tituba, contiene el misterioso libro, podría tratarse de un complot satánico dirigido a destruir Salem.

---

3. Cita traducida por 50Minutos.es

EL BAILE DE ACUSACIONES

Pese a que Tituba, Sarah Good y Sarah Osborne están encerradas a una treintena de kilómetros de Salem Village, el estado de las cuatro niñas no mejora demasiado. Sin duda, los remordimientos y el miedo les corroen, y siguen siendo presas de crisis de convulsiones y alucinaciones. Lo que todavía es más inquietante es que parece que otras seis niñas son también víctimas de posesiones: Mary Warren, Mary Walcott, Susannah Sheldon, Mercy Lewis, Sarah Churchill y Elizabeth Booth. El Mal también ataca a mujeres de más edad: Sarah Biber, la señora Pope, la señora Goodall y la señora Putman, que es la madre de Ann Putman Jr., una de las niñas poseídas. La señora Putman, que se ha visto perjudicada por una herencia y está insatisfecha con su posición, rebosa cólera y frustración. Está obsesionada por su deseo de venganza y se convence de que su mala suerte es fruto del complot satánico que pesa sobre Salem Village. En tiempos normales, esta persecución de brujas se habría detenido con el encarcelamiento de las tres primeras sospechosas, pero el delirio y el resentimiento de Ann Carr Putman llevan los acontecimientos de Salem Village mucho más lejos.

En primer lugar, acusa a Martha Corey, la mujer de un granjero de Salem; esta acusación es confirmada por otras poseídas. Martha Corey, una mujer respetada y practicante asidua, tiene un perfil que difiere mucho del de las tres primeras inculpadas. Así, tanto los magistrados como los habitantes de la ciudad tienen serias dudas de su culpabilidad. Pero Martha Corey actúa con insolencia: se defiende negando la existencia de las brujas y no muestra ninguna simpatía hacia las aquejadas. El magistrado Hathorne le interroga con bastante dureza y, tras adquirir suficientes testimonios para declararle culpable, la envía a la prisión de Salem Farms.

Dibujo que representa a Martha Corey en su celda.

El interrogatorio de Dorcas Good (nacida en 1687), hija de la bruja Sarah Good, contraria de nuevo a la población. La niña es sospechosa de haber sucedido a su madre en la tarea maligna de atormentar a las aquejadas. Con solo cinco años de edad, asegura que ha recibido de su madre una serpiente, un familiar que chupa su dedo para alimentarse. La niña tiene dos pequeñas marcas en su dedo y, aunque bien podría tratarse de una simple picadura, esta prueba es suficiente para los magistrados, que la encarcelen.

En demonología, los familiares son animales de pequeño tamaño mediante los cuales el diablo transmite poderes a sus víctimas.

A continuación, es Rebbeca Nurse (1621-1692) quien pasa por el banquillo de los acusados. Mujer respetada, devota y caritativa, nadie veía en ella a una bruja. Pero el interrogatorio de Dorcas Good ha dejado huella: si el diablo puede corromper a una niña de cinco años, también es posible que consiga arrastrar a su causa a una mujer devota. Por si acaso, Rebbeca Nurse es enviada a prisión.

Se encadenan las acusaciones, y el asunto adopta tales dimensiones que, para poder acoger a más gente, se desplazan las audiencias al *meeting house* de Salem Town. Otros magistrados, como el juez Samuel Sewall (1652-1730) y su hermano Stephen (1657-1725), vienen a ayudar en los interrogatorios. El juez Samuel Sewal, que tiene una reputación de sabio e indulgente, no consigue calmar la situación. Las poseídas continúan su macabro juego, alimentado por las ambiguas cuestiones de los magistrados, el resentimiento del reverendo Parris y el delirio obsesivo de Ann Carr Putman.

Retrato del juez Samuel Sewall.

No solo se señalan brujas en Salem, sino también en otras ciudades y pueblos de los alrededores. En algunas acusaciones no cabe duda, como la de Bridget Bishop (1632-1692), una posadera que probablemente asesinara a su marido y que, según los rumores, practica la magia negra. Otras, sin embargo, son más sorprendentes, como la de Mary Easty, vecina caritativa y uno de los pilares de la iglesia. Otras son incluso más inverosímiles, como las acusaciones contra

Philip English (nacido en 1651), un rico armador de Salem, contra el ministro del culto George Burroughs (1652-1692) o incluso contra el capitán John Alden (1626-1702), héroe de varias guerras contras los indios. Salem parece haber sucumbido a la locura.

Bridget Bishop representada en una litografía.

SENTENCIAS Y CONDENAS

A principios del año 1692, Massachusetts tiene que negociar una nueva carta con Inglaterra y la vida política en Salem queda suspendida. No hay autoridades legales y los tribunales de Massachusetts no pueden emitir veredictos, así que las primeras inculpadas pasan largos meses en las prisiones de Salem, Boston y alrededores. Las condiciones en ellas son espantosas y Sarah Osborne, mayor y débil, fallece en su celda el 10 de mayo de 1692.

El 14 de mayo, desembarca en Boston el nuevo gobernador, sir William Phips (1651-1695), quien tiene que hacer frente a una realidad inquietante: la ciudad de Salem parece ser presa de un gran número de posesiones satánicas.

Retrato de sir William Phips.

Diez días después, para intentar calmar la situación, crea la Special Court of Oyer and Terminer (literalmente «tribunal especial para escuchar y determinar»). Para dirigir estos juicios se nombran nueve jueces, entre ellos Samuel Sewall, John Hathorne y Jonathan Corwin. William Stoughton (1631-1701), gobernador adjunto, es nombrado presidente del tribunal.

Los jueces no consiguen distinguir las pruebas de los rumores y piden consejo a los ministros del culto de Boston, en especial a Cotton Mather (1663-1728), una reputada figura puritana con un extenso conocimiento en materia de caza de brujas. El debate entre los pastores y los magistrados es agitado. Los primeros, pese a sus sermones endiablados, recomiendan la prudencia y consideran que la prueba espectral no es suficiente para condenar a una bruja. Los ministros del culto desconfían de las denuncias públicas e insisten en la necesidad de referirse a pruebas tangibles. Por el contrario, para los magistrados Stoughton y Hathorne, el sufrimiento de las aquejadas es prueba más que suficiente de la culpabilidad de los sospechosos.

El 2 de junio de 1692, la posadera Bridget Bishop es la primera en ser juzgada. Sin ninguna sombra de duda, los jurados la declaran culpable pese a que ella no deja de proclamar su inocencia. Es condenada a muerte y, el 10 de junio, Bridget Bishop es ahorcada en Gallow's Hill, una colina alejada de la ciudad en la que se han instalado las horcas.

No todos los inculpados son condenados con la misma unanimidad. Así, Rebecca Nurse, una anciana dama de la que todos los vecinos elogian su gentileza y devoción, consigue ganarse la clemencia del jurado y es declarada no culpable. Pero el veredicto provoca un gran estruendo de gritos. Las aquejadas sufren convulsiones y, mientras sus miembros se retuercen, piden la muerte de Rebecca Nurse. El juez solicita la revisión del veredicto para que cese el tormento de las víctimas. El 19 de julio, es conducida a Gallow's Hill para ser ahorcada, junto con otras cuatro condenadas, entre ellas Sarah Good.

Grabado del juicio de Salem.

La condena a muerte de una mujer como Rebecca Nurse provoca el pánico. El hecho de que una practicante tan virtuosa pueda ser ahorcada quiere decir que nadie está a salvo. Algunas familias deciden dejar Salem antes de que la situación empeore todavía más. Otros habitantes, por miedo a afrontar las preguntas de los magistrados, se marchan también tras haber sido señalados por las aquejadas. En general, los más ricos consiguen abandonar la jurisdicción y se refugian en ciudades como Nueva York. Pero las autoridades persiguen a los fugitivos y, a veces, consiguen darles alcance. Por otro lado, varios de los encarcelados, entre ellos el rico armador Philip English y el capitán John Alden, consiguen escapar de la prisión.

Mientras tanto, los juicios continúan. Cinco personas son ahorcadas en agosto y otras ocho en septiembre. Las sentencias no pueden seguir el ritmo desenfrenado de las acusaciones: los niños denuncian a sus padres, los maridos desconfían cada vez más de sus mujeres, los pobres se vengan de los poderosos... En total, cerca de 150 personas son encarceladas por brujería. Además de los diecinueve ahorcamientos, siete personas mueren mientras estaban detenidas. Asimismo, un anciano llamado Giles Corey (1611-1692) se niega a testificar en el juicio contra su mujer, Martha, y es condenado a ser torturado. Fallece tras agonizar tres días, con la caja torácica aplastada por las piedras. Su muerte eleva a 27 el número total de víctimas en estos juicios por brujería.

Giles Corey sufre aplastado por grandes y pesadas piedras por negarse a testificar contra su mujer Martha.

REPERCUSIONES

LA CAÍDA DE SALEM Y DE LOS PURITANOS

Al terminar el verano de 1692, los sacerdotes puritanos se oponen cada vez más a los métodos empleados por los magistrados. Los ministros del culto quieren que, para condenar a los acusados, existan elementos más tangibles que una simple prueba espectral. A medida que las congregaciones se suman a este criterio, los juicios por brujería pierden de forma progresiva el apoyo de la opinión pública. Se pone en duda la opinión de las afectadas y, como su presencia se requiere cada vez menos, las crisis de histeria que estas sufren se van espaciando. Poco a poco, la población comienza a dudar de la veracidad de los acontecimientos y teme que se haya condenado a inocentes sin razón.

El gobernador William Phips se suma a esta opinión generalizada. En octubre disuelve la Special Court of Oyer and Terminer y declara como inadmisible la prueba espectral. Se libera a muchos prisioneros y los juicios son cada vez menos numerosos. El gobernador declara una amnistía y los últimos condenados a muerte son finalmente indultados. Sin embargo, esto no resulta en la puesta en libertad de todos los sospechosos. En efecto, para que se abran las puertas de las celdas primero hay que reembolsar los gastos de prisión, y muchos no tienen los medios para hacerlo. Así, el reverendo Parris, que considera a Tituba como responsable de todos estos acontecimientos, se niega a pagar su puesta en libertad.

Mientras Increase Mather (1639-1723), presidente de Harvard y respetado puritano, escribe en un conocido discurso «es mejor dejar escapar a diez supuestas brujas que condenar a una sola persona inocente»[4] (Crete 1995, 280), su hijo, Cotton Mather, continúa la lucha contra Satán. Así, aunque durante los juicios de Salem siempre recomendara la moderación, nunca dudó de la existencia del diablo. En sus escritos sobre satanismo, defiende a los magistrados de la Court of Oyer and Terminer, pero su obsesión termina por destruir su reputación.

Durante dos siglos, los puritanos serán considerados como los principales responsables de los dramas que tuvieron lugar en Salem, y su influencia no dejará de disminuir. En un mundo anglosajón en el que se insiste en la moderación durante los juicios por brujería, los puritanos son acusados de haber avivado pasiones mediante sus discursos. Los escritos de Cotton Mather contribuyen con fuerza a formar esta acusación. No obstante, los responsables siguen siendo los magistrados, particularmente afanados en la persecución de las brujas de Salem.

Las consecuencias no son solo de orden psicológico. La ciudad, muy próspera en otro tiempo, sufre un severo revés económico en 1692. Muchos lugareños desatendieron su trabajo para seguir el desarrollo de los juicios y otros huyeron de la región por miedo a ser llevados ante los tribunales, provocando una gran caída de la producción.

---

4. Cita traducida por 50Minutos.es

LAS CAUSAS DE UNA HISTERIA COLECTIVA

Muchos investigadores han intentado entender las razones que llevaron a una comunidad como la de Salem a perseguir brujas de manera tan desenfrenada. El acontecimiento puede parecer anodino comparado con las grandes persecuciones europeas, mucho más violentas y espectaculares, pero en el mundo anglosajón, por lo general moderado en los juicios por brujería, los hechos son excepcionales.

Algunos solo ven en las acusadoras a niñas investidas de un gran poder. Como si de un juego se tratado, las niñas habrían señalado a aquellas personas a las que querían ver desaparecer. Pero Betty Parris, Abigail William, Mercy Thompson y las demás estaban enfermas de verdad y sufrían problemas psicológicos. El mal que domina a estas jóvenes, que probablemente tuvieran buena fe, no será diagnosticado por la medicina moderna de forma correcta hasta el siglo XX. Se trataría de un caso de histeria, una neurosis que acarrea crisis emocionales incontrolables. Esta enfermedad se ve favorecida, en especial, por ciertas fobias o un entorno estresante.

Es probable que el clima permanente de angustia que reinaba en Salem jugara un papel importante en estos acontecimientos. En el momento de los hechos, los británicos acababan de salir de un importante conflicto con Francia. Poco tiempo antes, Salem había vivido una importante epidemia de viruela y, además, se producen constantemente numerosas escaramuzas con las tribus indias. El prestigio de la ciudad atrae cada vez a más extranjeros y los puritanos temen no mantener sus privilegios. A todo esto se suma que la suerte de la colonia está en suspenso debido a la negociación, a comienzos de 1692, de una nueva carta de derechos con la corona de Inglaterra. Todos estos elementos contribuyen a hacer que nazca un miedo, una tensión y un recelo constantes, creando así un contexto favorable a las crisis de histeria en masa.

Existe también otra teoría, bastante extendida, que intenta explicar estos acontecimientos por una contaminación por cornezuelo de centeno. Este hongo, que se desarrolla en los cereales (principalmente el centeno), contiene una sustancia derivada del LSD, que tiene la propiedad de provocar alucinaciones.

CUANDO LOS VERDUGOS PIDEN PERDÓN

Durante veinte años, los responsables de los acontecimientos piden perdón para expiar sus pecados. El juez Samuel Sewall llega incluso a presentar sus excusas personales por su implicación en los hechos. El tribunal de justicia de Massachusetts no tarda en prohibir los juicios por brujería, lo que se extenderá por toda Nueva Inglaterra: las autoridades americanas no condenarán a ninguna bruja más. Por otra parte, una ley de la Compañía de la Bahía Massachusetts, fechada en 1711, ofrece compensaciones financieras a los herederos de las víctimas.

Pero los daños causados a la comunidad de Salem no pueden borrarse con palabras y dinero. Los acontecimientos de 1692, que dejaron una profunda huella en la gente, siguen siendo un episodio doloroso de la historia colonial americana.

EN RESUMEN

- A lo largo del siglo XVII, Inglaterra parte a la conquista de América y funda trece colonias a lo largo de la costa oriental. En 1628 se funda en Massachusetts la próspera ciudad puritana de Salem. Sin embargo, la vida allí es dura debido a la hostilidad de los indios y a las guerras contra los franceses.

- Durante el invierno de 1691-1692, la hija y la sobrina del reverendo Parris pasan sus días con la criada de la familia, Tituba, quien les enseña juegos de magia y de adivinación. Estas prácticas están prohibidas por la Biblia y las niñas se sienten culpables. Así, sufren crisis de histeria que hacen pensar que están poseídas por los demonios.

- Pronto, otras niñas de Salen Village padecen los mismos males. Las aquejadas terminan por dar el nombre de sus supuestas torturadoras: la criada Tituba, la mendiga Sarah Good y la inmoral Sarah Osborne. Las tres corresponden al perfil tipo de bruja.

- Para sorpresa general, cuando Tituba es interrogada por dos magistrados, confiesa de forma directa haber hecho un pacto con el diablo. Asegura también que hay muchas otras brujas que torturan con dureza a Salem, lo que provoca el pánico en la ciudad.

- Se dan a conocer nuevas víctimas que señalan a su vez a otras supuestas brujas. Unas acusaciones llevan otras, y nadie está a salvo de un juicio. También las élites, como los ministros del culto, los ricos comerciantes e incluso los héroes de guerra, son juzgados por prácticas satáni- cas. Más de 150 personas son encarceladas y las prisiones están saturadas de brujas.

- En mayo de 1692, el nuevo gobernador William Phips crea una Special Court of Oyer and Terminer para resolver los problemas de brujería. Pese a que los pastores puritanos intentan apaciguar las aguas, los magistrados llevan a la horca a 19 personas.

- En octubre de 1692, como consecuencia de la oposición del clero y de una parte creciente de la opinión pública, se disuelve el Court of Oyer and Terminer. Los últimos condenados son indultados y los encarcelados por brujería obtienen una amnistía.

- Las autoridades de Massachusetts pasan los siguientes veinte años haciendo penitencia por los inocentes enviados a la horca. Algunos magistrados piden disculpas públicamente, y se pagan indemnizaciones a las familias de las víctimas. Pero el mal ya está hecho y este trágico episodio marcará el imaginario popular por los siglos venideros.

¡Tu opinión nos interesa!
¡Deja un comentario en la página web de tu librería en línea,
y comparte tus favoritos en las redes sociales!

PARA IR MÁS ALLÁ

FUENTES BIBLIOGRÁFICAS

- Bechtel, Guy. 1997. *La sorcière et l'Occident*. París: Plon.
- Bernand, Carmen y Serge Gruzinski. 1991-1993. *Histoire du nouveau monde*. París: Fayard.
- Colectivo. 2015. *L'atlas des religions*. 2015. París: Le Monde y Malesherbes Publications.
- Crete, Liliane. 1995. *Les sorcières de Salem*. París: Julliard.
- Gragg, Larry. 1992. *The Salem Witch Crisis*. Nueva York: Praeger.
- Lacroix, Jean-Michel. 2006. *Histoire des États-Unis*. París: PUF.
- *Bibliatodo, "Levítico 20: 27". Consultado el 8 de febrero de 2017.* https://www.bibliatodo.com/biblia/Torres-amat/levitico-20-27
- Morgan, Edmund S. 1966. *The Puritan Family: Religion and Domestic Relations in Seventeenth-Century New England*. Nueva York: Harper and Row.
- Muchembled, Robert. 2004. *Historia del diablo: siglos XII-XX*. Traducido por Federico Villegas Silva Lezama. Madrid: Ediciones Cátedra.
- Palou, Jean. 1973. *La brujería*. Traducido por Alexandre Ferrer. Vilassar de Mar: Oikos-Tau.
- Wayne, Andrews. 1967. *Concise Dictionary of American History*. Londres: Oxford University Press.

FUENTES COMPLEMENTARIAS

- Aronson, Marc. 2003. *Witch-Hunt: Mysteries of the Salem*

Witch Trials. Nueva York: Simon and Schuster.
• Caro Baroja, Julio. 2015. *Las brujas y su mundo*. Madrid: Alianza Editorial.
• Ginzburg, Carlo. 1992. *Le sabbat des sorcières*. París: Gallimard.
• Hill, Frances. 2002. *A Delusion of Satan: The Full Story of the Salem Witch Trials*. Boston: Da Capo Press.
• Miller, Arthur. 2007. *Las brujas de Salem*. Traducido por Julián Escribano Moreno. Madrid: Teatro Español.
• Muchembled, Robert. 1979. *La sorcière au village (XVe-XVIIIe siècle)*. París: Gallimard.
• Roach, Marilynne K. 2004. *The Salem Witch Trials, a Day-By-Day Chronicle of a Community Under Siege*. Lanham: Taylor Trade Publishing.
• Salem Witch Trials. Consultado el 7 de febrero de 2017. http://salem.lib.virginia.edu/home.html

FUENTES ICONOGRÁFICAS

• Tituba representada por Alfred Fredericks, dibujante del siglo XIX. La imagen reproducida está libre de derechos.
• Dibujo que representa a Martha Corey en su celda. La imagen reproducida está libre de derechos.
• Retrato del juez Samuel Sewall. La imagen reproducida está libre de derechos.
• Bridget Bishop representada en una litografía. La imagen reproducida está libre de derechos.
• Retrato de sir William Phips. La imagen reproducida está libre de derechos.
• Giles Corey sufre aplastado por grandes y pesadas piedras por negarse a testificar contra su mujer Martha.

La imagen reproducida está libre de derechos.
• Grabado del juicio de Salem. La imagen reproducida está libre de derechos.

DOCUMENTAL

• *The Witches Curse*. Dirigido por Mark Lewis. Reino Unido: 3BM Television, 2001.

MUSEOS Y EDIFICIOS CONMEMORATIVOS

• Museo de las Brujas de Salem, en Washington Square North, Salem, Estados Unidos.
• The Witch House, la casa del magistrado Jonathan Corwin, en Salem, Estados Unidos.
• Monumento conmemorativo a las víctimas de brujería en Salem Village, Danvers, Estados Unidos.

en50MINUTOS.es
Historia
Economía y empresa
Coaching
EL DIAGRAMA DE ISHIKAWA
Material Método Máquina
Madre Naturaleza Medida Hombres
LA GUERRA DE PALESTINA DE 1948
DOMINA EL ARTE DEL NETWORKING